AF359849

CODE

DE LA
PÊCHE FLUVIALE,

D'APRÈS LE TEXTE
DE L'ÉDITION OFFICIELLE ;
AVEC DES NOTES

ET UNE TABLE RAISONNÉE ET COMPLÈTE DES DISPOSITIONS

QUE RENFERME CETTE LOI.

La faculté.... de pêcher est.......
réglée par des lois particulières.

CODE CIV. ART. 715.

METZ, chez VERRONNAIS, Imprimeur-Libraire-Éditeur,
au haut de la rue des Jardins.
PARIS, chez LECOINTE, Libraire, quai des Augustins, n.° 49.

1829.

TABLE
DÉTAILLÉE ET RAISONNÉE

DES MATIÈRES

Contenues dans la Loi du 15 Avril 1829, relative
à la Pêche fluviale.

Cette table n'indique pas la page du volume, mais l'article
de la Loi.

A.

B.

C.

D.

F.

G.

N.

O.

FIN DE LA TABLE.

CODE

DE LA

PÊCHE FLUVIALE.

TEXTE DE L'ÉDITION OFFICIELLE.

***

Au Château des Tuileries, le 15 Avril 1829.

CHARLES, par la grâce de Dieu, ROI DE FRANCE ET DE NAVARRE, à tous présens et à venir, SALUT.

Nous avons proposé, les Chambres ont adopté, NOUS AVONS ORDONNÉ ET ORDONNONS ce qui suit :

TITRE I.er

Du Droit de Pêche.

ARTICLE I.er

Le droit de pêche sera exercé au profit de l'État,

1.º Dans tous les fleuves (1), rivières, canaux et contre-fossés navigables ou flottables avec bateaux, trains ou radeaux, et dont l'entretien est à la charge de l'État ou de ses ayant-cause ;

2.º Dans les bras, noues, boires et fossés qui tirent leurs eaux des fleuves et rivières navigables ou flottables dans lesquels on peut en tout temps passer ou pénétrer librement en bateau de pêcheur, et dont l'entretien est également à la charge de l'État.

Sont toutefois exceptés les canaux et fossés existans, ou qui seraient creusés dans des propriétés particulières, et entretenus aux frais des propriétaires.

ART. 2.

Dans toutes les rivières et canaux au-

---

(1) ART. 538 du Code civil. « . . . . •
« Les fleuves et rivières navigables ou flottables, les rivages,
« lais et relais de la mer..... et généralement toutes les por-
« tions du territoire français qui ne sont pas susceptibles d'une
« propriété privée, sont considérés comme des dépendances du
« domaine public. »

ART 715 du Code civil. « La faculté.... de pêcher est.....
« réglée par des lois particulières. »

tres que ceux qui sont désignés dans l'article précédent, les propriétaires riverains auront, chacun de son côté, le droit de pêche jusqu'au milieu du cours de l'eau (1), sans préjudice des droits contraires établis par possessions ou titres.

Art. 3.

Des ordonnances royales, insérées au Bulletin des lois, détermineront, après une enquête *de commodo* et *incommodo*, quelles sont les parties des fleuves et rivières, et quels sont les canaux désignés dans les deux premiers paragraphes de l'article 1.er où le droit de pêche sera exercé au profit de l'État.

De semblables ordonnances fixeront les limites entre la pêche fluviale et la pêche maritime dans les fleuves et rivières affluant à la mer. Ces limites seront les mêmes que celles de l'inscription maritime (2); mais

---

(1) Art. 561 du Code civil.

(2) L'inscription maritime est pour la marine, ce qu'est le recrutement pour l'armée de terre.

Les limites sont, d'après l'article 2 de la loi du 25 octobre 1795, « dans les rivières jusqu'où remonte la marée, et pour « celles où il n'y a pas de marée, jusqu'à l'endroit où les bâ- « timens de mer peuvent remonter. »

la pêche qui se fera au-dessus du point où les eaux cesseront d'être salées , sera soumise aux règles de police et de conservation établies pour la pêche fluviale.

Dans le cas où des cours d'eau seraient rendus ou déclarés navigables ou flottables, les propriétaires qui seront privés du droit de pêche, auront droit à une indemnité préalable, qui sera réglée selon les formes prescrites par les articles 16, 17 et 18 de la loi du 8 mars 1810 (1), compensation faite des avantages qu'ils pourraient retirer

---

(1) Art. 16. « Dans tous les cas où l'expropriation sera « reconnue ou jugée légitime , et où les parties ne resteront « discordantes que sur le montant des indemnités dues aux « propriétaires, le tribunal fixera la valeur de ces indemnités , « eu égard aux baux actuels , aux contrats de vente passés an— « térieurement , et néanmoins aux époques les plus récentes , « soit des mêmes fonds , soit des fonds voisins et de même « qualité , aux matrices de rôles, et à tous autres documens « qu'il pourra réunir. »

Art. 17. « Si ces documens se trouvent insuffisans pour « éclairer le tribunal , il pourra nommer d'office un ou trois « experts ; leur rapport ne liera point le tribunal , et ne vaudra « que comme renseignement. »

Art. 18. « Dans le cas où il y aurait des tiers intéressés à « titre d'usufruitier, de fermier ou de locataire, le propriétaire « sera tenu de les appeler avant la fixation de l'indemnité , pour

de la disposition prescrite par le gouvernement (1).

ART. 4.

Les contestations entre l'administration
et les adjudicataires relatives à l'interpré-
tation et à l'exécution des conditions des
baux et adjudications, et toutes celles qui
s'éleveraient entre l'administration ou ses
ayant-cause et des tiers intéressés à raison

« concourir, en ce qui les concerne , aux opérations y relatives ,
« sinon il restera seul chargé envers eux des indemnités que
« ces derniers pourraient réclamer.

« Les indemnités des tiers intéressés ainsi appelés ou inter-
« venans, seront réglées en la même forme que celles dues
« aux propriétaires. »

ART. 545 du Code civil. « Nul ne peut être contraint de
« céder sa propriété , si ce n'est pour cause d'utilité publique et
« moyennant une juste et préalable indemnité. »

(1) Loi du 16 septembre 1807 , art. 54. « Lorsqu'il y aura
« lieu en même temps à payer une indemnité à un propriétaire
« pour terrains occupés, et à recevoir de lui une plus-value pour
« des avantages acquis à ses propriétés restantes , il y aura com-
« pensation jusqu'à concurrence ; et le surplus seulement, selon
« les résultats, sera payé au propriétaire ou acquitté par
« lui. »

de leurs droits ou de leurs propriétés, seront portées devant les tribunaux.

ART. 5.

Tout individu qui se livrera à la pêche sur les fleuves et rivières navigables ou flottables, canaux, ruisseaux ou cours d'eau quelconques, sans la permission de celui à qui le droit de pêche appartient, sera condamné à une amende de vingt francs au moins, et de cent francs au plus, indépendamment des dommages-intérêts.

Il y aura lieu, en outre, à la restitution du prix du poisson qui aura été péché en délit, et la confiscation des filets et engins de pêche pourra être prononcée.

Néanmoins il est permis à tout individu de pêcher à la ligne flottante tenue à la main, dans les fleuves, rivières et canaux désignés dans les deux premiers paragraphes de l'article 1.er de la présente loi, le temps du frai excepté (1).

----

(1) Le temps du frai sera déterminé par une ordonnance royale (N.º 1 de l'art. 26 du Code de Pêche fluviale).

(7)

TITRE II.

De l'Administration et de la Régie de la Pêche.

ART. 6.

(*Art. 3 du Code forestier.*)

« Nul ne peut exercer l'emploi de garde-
« pêche, s'il n'est âgé de vingt-cinq ans
« accomplis. »

ART. 7.

(*Art. 5 du Code forestier.*)

« Les préposés chargés de la surveillance
« de la pêche ne pourront entrer en fonc-
« tions (1) qu'après avoir prêté serment de-

____

(1) ART. 196 du Code pénal. « Tout fonctionnaire public
« qui sera entré en exercice de ses fonctions sans avoir prêté
« le serment, pourra être poursuivi, et sera puni d'une amende
« de seize francs à cent cinquante francs. »
ART. 197 du Code pénal. « Tout fonctionnaire public ré-
« voqué, destitué, suspendu ou interdit légalement, qui, après
« en avoir eu la connaissance officielle, aura continué l'exer-
« cice de ses fonctions, ou qui, étant électif ou temporaire,

« vant le tribunal de première instance de
« leur résidence, et avoir fait enregistrer
« leur commission et l'acte de prestation de
« leur serment au greffe des tribunaux dans
« le ressort desquels ils devront exercer
« leurs fonctions.

« Dans le cas d'un changement de rési-
« dence qui les placerait dans un autre res-
« sort en la même qualité, il n'y aura pas
« lieu à une nouvelle prestation de serment. »

ART. 8.

Les gardes-pêche pourront être déclarés
responsables des délits commis dans leurs
cantonnemens, et passibles des amendes et
indemnités encourues par les délinquans,
lorsqu'ils n'auront pas duement constaté les
délits.

« les aura exercées après avoir été remplacé, sera puni d'un
« emprisonnement de six mois au moins et de deux ans au
« plus, et d'une amende de cent francs à cinq cents francs.
« Il sera interdit de l'exercice de toute fonction publique pour
« cinq ans au moins et dix ans au plus, à compter du jour où
« il aura subi sa peine : le tout sans préjudice des plus fortes
« peines portées contre les officiers ou les commandans mili-
« taires par l'art. 93 du présent Code. »

ART. 9.

L'empreinte des fers dont les gardes-pêche font usage pour la marque des filets, sera déposée au greffe des tribunaux de première instance.

TITRE III.

Des Adjudications des Cantonnemens de Pêche.

ART. 10.

La pêche au profit de l'Etat sera exploitée, soit par voie d'adjudication publique aux enchères et à l'extinction des feux, conformément aux dispositions du présent titre, soit par concession de licences à prix d'argent.

Le mode de concession par licence ne pourra être employé qu'à défaut d'offres suffisantes.

En conséquence, il sera fait mention, dans les procès-verbaux d'adjudication, des mesures qui auront été prises pour leur donner toute la publicité possible et des offres qui auront été faites.

ART. 11.

L'adjudication publique devra être annoncée au moins quinze jours à l'avance par des affiches apposées dans le chef-lieu du département, dans les communes riveraines du cantonnement et dans les communes environnantes.

ART. 12.

(*Art.* 18 *du Code forestier.*)

« Toute *location* faite autrement que par
« adjudication publique sera considérée
« comme clandestine et déclarée nulle. Les
« fonctionnaires et agens qui l'auraient or-
« donnée ou effectuée, seront condamnés so-
« lidairement à une amende *égale au double*
« du fermage annuel du cantonnement de
« pêche. »

Sont exceptées les concessions par voie de licence.

ART. 13.

(*Art.* 19 *du Code forestier.*)

« Sera de même annullée toute adjudica-

« tion qui n'aura point été précédée des
« publications et affiches prescrites par
« l'article 11, ou qui aura été effectuée dans
« d'autres lieux, à autres jour et heure
« que ceux qui auront été indiqués par les
« affiches ou les procès-verbaux de remise
« en location.

« Les fonctionnaires ou agens qui auraient
« contrevenu à ces dispositions, seront con-
« damnés solidairement à une amende égale
« à la valeur annuelle du cantonnement de
« pêche; et une amende pareille sera pro-
« noncée contre les adjudicataires en cas de
« complicité. »

ART. 14.

(*Art.* 20 *du Code forestier.*)

« Toutes les contestations qui pourront
« s'élever, pendant les opérations d'adjudi-
« cation, sur la validité des enchères ou sur
« la solvabilité des enchérisseurs et des cau-
« tions, seront décidées immédiatement par
« le fonctionnaire qui présidera la séance
« d'adjudication. »

ART. 15.

(*Art. 21 du Code forestier.*)

« Ne pourront prendre part aux adjudica-
« tions, ni par eux-mêmes, ni par personnes
« interposées, directement ou indirectement,
« soit comme parties principales, soit comme
« associés ou cautions,

« 1.º Les agens et gardes forestiers et
« les gardes-pêche, dans toute l'étendue du
« royaume ; les fonctionnaires chargés de
« présider ou de concourir aux adjudica-
« tions, et les receveurs du produit de la
« pêche, dans toute l'étendue du territoire
« où ils exercent leurs fonctions ;

« En cas de contravention, ils seront pu-
« nis d'une amende qui ne pourra excéder
« le quart ni être moindre du douzième du
« montant de l'adjudication ; et ils seront,
« en outre, passibles de l'emprisonnement
« et de l'interdiction qui sont prononcés par
« l'article 175 du Code pénal (1) :

---

(1) Les peines prononcées par cet article sont un emprisonnement de six mois au moins et de deux ans au plus, et une

« 2.º Les parens et alliés en ligne directe,
« les frères et beaux-frères, oncles et neveux
« des agens et gardes forestiers et gardes-
« pêche, dans toute l'étendue du territoire
« pour lequel ces agens ou gardes sont com-
« missionnés ;

« En cas de contravention, ils seront pu-
« nis d'une amende égale à celle qui est pro-
« noncée par le paragraphe précédent ;

« 3.º Les conseillers de préfecture, les
« juges, officiers du ministère public et gref-
« fiers des tribunaux de première instance,
« dans tout l'arrondissement de leur res-
« sort ;

« En cas de contravention, ils seront pas-
« sibles de tous dommages et intérêts, s'il y
« a lieu.

« Toute adjudication qui serait faite en
« contravention aux dispositions du présent
« article, sera déclarée nulle. »

---

amende qui ne peut excéder le quart des restitutions et indemnités, ni être au-dessous du douzième. Le condamné est en
outre déclaré incapable d'exercer aucune fonction publique.
Ces peines peuvent être modifiées en vertu de l'article 463 du
Code pénal.

ART. 16.

(*Art. 22 du Code forestier.*)

« Toute association secrète ou manœuvre
« entre les pêcheurs ou autres, tendant à
« nuire aux enchères, à les troubler ou à
« obtenir *les cantonnemens de pêche* à plus
« bas prix, donnera lieu à l'application des
« peines portées par l'article 412 du Code
« pénal (1), indépendamment de tous dom-
« mages-intérêts ; et si l'adjudication a été
« faite au profit de l'association secrète ou
« des auteurs desdites manœuvres, elle sera
« déclarée nulle. »

---

(1) Cet article porte : « Ceux qui, dans les adjudications de
« la propriété, de l'usufruit ou de la location des choses mobi-
« lières ou immobilières, d'une entreprise, d'une fourniture,
« d'une exploitation ou d'un service quelconque, auront entravé
« ou troublé la liberté des enchères ou des soumissions, par
« voies de fait, violences ou menaces, soit avant, soit pendant
« les enchères ou les soumissions, seront punis d'un emprison-
« nement de quinze jours au moins, de trois mois au plus, et
« d'une amende de cent francs au moins, et de cinq mille
« francs au plus.

« La même peine aura lieu contre ceux qui, par dons ou
« promesses, auront écarté les enchérisseurs ».

Art. 17.

(*Art. 23 du Code forestier.*)

« Aucune déclaration de command ne sera
« admise, si elle n'est faite immédiatement
« après l'adjudication et séance tenante. »

Art. 18.

(*Art. 24 du Code forestier.*)

« Faute par l'adjudicataire de fournir les
« cautions exigées par le cahier des charges
« dans le délai prescrit, il sera déclaré déchu
« de l'adjudication par un arrêté du préfet,
« et il sera procédé dans les formes ci-dessus
« prescrites à une nouvelle adjudication du
« cantonnement de pêche, à sa folle-enchère.
« L'adjudicataire déchu sera tenu par corps
« de la différence entre son prix et celui de
« la nouvelle adjudication, sans pouvoir
« réclamer l'excédant, s'il y en a. »

Art. 19.

(*Art. 25 du Code forestier.*)

« Toute personne capable et reconnue sol-

« vable sera admise, jusqu'à l'heure de midi
« du lendemain de l'adjudication, à faire
« une offre de surenchère, qui ne pourra
« être moindre du cinquième du montant de
« l'adjudication.

« Dès qu'une pareille offre aura été faite,
« l'adjudicataire et les surenchérisseurs pour-
« ront faire de semblables déclarations de
« simple surenchère jusqu'à l'heure de midi
« du surlendemain de l'adjudication, heure
« à laquelle le plus offrant restera définiti-
« vement adjudicataire.

« Toutes déclarations de surenchère de-
« vront être faites au secrétariat qui sera in-
« diqué par le cahier des charges, et dans
« les délais ci-dessus fixés ; le tout sous
« peine de nullité.

« Le secrétaire commis à l'effet de rece-
« voir ces déclarations sera tenu de les con-
« signer immédiatement sur un registre à ce
« destiné, d'y faire mention expresse du
« jour et de l'heure précise où il les aura re-
« çues, et d'en donner communication à
« l'adjudicataire et aux surenchérisseurs,
« dès qu'il en sera requis ; le tout sous

(17)

« peine de trois cents francs d'amende , sans
« préjudice de plus fortes peines en cas de
« collusion (1).

« En conséquence , il n'y aura lieu à au-
« cune signification des déclarations de sur-
« enchère , soit par l'administration , soit
« par les adjudicataires et surenchérisseurs. »

ART. 20.

(*Art. 26 du Code forestier.*)

« Toutes contestations au sujet de la va-
« lidité des surenchères seront portées de-
« vant les conseils de préfecture. »

---

(1) « ART. 177. Tout fonctionnaire public de l'ordre ad-
« ministratif ou judiciaire, tout agent ou préposé d'une admi-
« nistration publique, qui aura agréé des offres ou promesses ,
« ou reçu des dons ou présens pour faire un acte de sa fonction
« ou de son emploi, même juste , mais non sujet à salaire,
« sera puni du carcan, et condamné à une amende double de
« la valeur des promesses agréées ou des choses reçues, sans
« que ladite amende puisse être inférieure à deux cents francs.
« La présente disposition est applicable à tout fonctionnaire,
« agent ou préposé de la qualité ci-dessus exprimée , qui, par
« offres ou promesses agréées , dons ou présens reçus , se sera
« abstenu de faire un acte qui entrait dans l'ordre de ses
« devoirs. »

ART. 21.

(*Art. 27 du Code forestier.*)

« Les adjudicataires et surenchérisseurs
« sont tenus, au moment de l'adjudication
« ou de leurs déclarations de surenchère,
« d'élire domicile dans le lieu où l'adju-
« dication aura été faite : faute par eux de le
« faire, tous actes postérieurs leur seront
« valablement signifiés au secrétariat de la
« sous-préfecture. »

ART. 22.

(*Art. 28 du Code forestier.*)

« Tout procès-verbal d'adjudication em-
« porte exécution parée et contrainte par
« corps contre les adjudicataires, leurs as-
« sociés et cautions, tant pour le paiement
« du prix principal de l'adjudication que
« pour accessoires et frais.

« Les cautions sont en outre contraigna-
« bles solidairement et par les mêmes voies
« au paiement des dommages, restitutions
« et amendes qu'aurait encourus l'adjudi-
« cataire. »

TITRE IV.

Conservation et Police de la Pêche.

ART. 23.

Nul ne pourra exercer le droit de pêche dans les fleuves et rivières navigables ou flottables, les canaux, ruisseaux ou cours d'eau quelconques, qu'en se conformant aux dispositions suivantes.

ART. 24.

Il est interdit de placer dans les rivières navigables ou flottables, canaux et ruisseaux, aucun barrage, appareil ou établissement quelconque de pêcherie ayant pour objet d'empêcher entièrement le passage du poisson.

Les délinquans seront condamnés à une amende de cinquante francs à cinq cents francs, et, en outre, aux dommages-intérêts; et les appareils ou établissemens de pêche seront saisis et détruits.

(20)

ART. 25 (1).

Quiconque aura jeté dans les eaux des drogues ou appâts qui sont de nature à enivrer le poisson ou à le détruire, sera puni d'une amende de trente francs à trois cents francs et d'un emprisonnement d'un mois à trois mois.

ART. 26 (2).

Des ordonnances royales détermineront,

1.° Les temps, saisons et heures pendant lesquels la pêche sera interdite dans les rivières et cours d'eau quelconques (3);

---

(1) Cet article n'est applicable qu'aux délits commis dans les eaux courantes ; à l'égard de l'empoisonnement des poissons dans des étangs, viviers ou réservoirs, la pénalité est fixée par l'article 452 du Code pénal; le vol du poisson en étang, vivier ou réservoir est puni par l'article 388 du même Code, modifié par l'article 2 de la loi du 25 juin 1824.

(2) Pour l'exécution actuelle de cet article et jusqu'à ce que les ordonnances réglementaires aient paru, il faut se reporter à l'article 84 : *Dispositions transitoires.*

(3) « Les pêcheurs ne pourront pêcher pendant le temps « de fraye ; savoir : aux rivières où la truite abonde sur tous « les autres poissons, depuis le premier février jusqu'à la mi-« mars ; et aux autres, depuis le premier avril jusques au « premier juin.... (Ordonn. de 1669, Art. 6 du Titre 31.) Exceptons toutefois de la prohibition contenue en l'article, la pêche aux saumons, aloses et lamproyes, qui sera continuée en la manière accoutumée. (Art. 7.)

2.º Les procédés et modes de pêche qui, étant de nature à nuire au repeuplement des rivières, devront être prohibés ;

3.º Les filets, engins et instrumens de pêche qui seront défendus comme étant aussi de nature à nuire au repeuplement des rivières (1) ;

4.º Les dimensions de ceux dont l'usage sera permis dans les divers départemens pour la pêche des différentes espèces de poissons ;

5.º Les dimensions au-dessous desquelles

---

(1) L'Ordonnance de 1669, Titre 31, détermine les filets et engins prohibés. Art. 8. « Ne pourront aussi (les pêcheurs) « mettre bires ou nasses d'osier à bout des dideaux, pendant « le temps de fraye.....

Art. 9. « Leur permettons néanmoins d'y mettre des chausses « ou sacs du moule de 18 lignes (43 millimètres) en quarré « et non autrement....

Art. 10. « Faisons très-expresses défenses aux maîtres pê- « cheurs de se servir d'aucuns engins ou harnois prohibés par « les anciennes Ordonnances sur le fait de la pêche, et en « outre de ceux appelés giles, tramail, furet, épervier, chas- « lon et sabre dont elles ne font point mention, et de tous « autres qui pourraient être inventés au dépeuplement des « rivières ; comme aussi d'aller au barandage, et mettre des « bacs en rivières.... »

les poissons de certaines espèces qui seront désignés ne pourront être pêchés et devront être rejetés en rivière ;

6.º Les espèces de poissons avec lesquelles il sera défendu d'appâter les hameçons, nasses, filets ou autres engins.

ART. 27.

Quiconque se livrera à la pêche pendant les temps, saisons et heures prohibés par les ordonnances, sera puni d'une amende de trente à deux cents francs.

ART. 28.

Une amende de trente à cent francs sera prononcée contre ceux qui feront usage, en quelque temps et en quelque fleuve, rivière, canal ou ruisseau que ce soit, de l'un des procédés ou modes de pêche ou de l'un des instrumens ou engins de pêche prohibés par les ordonnances.

Si le délit a eu lieu pendant le temps du frai, l'amende sera de soixante à deux cents francs.

ART. 29.

Les mêmes peines seront prononcées contre ceux qui se serviront, pour une autre
pêche, de filets permis seulement pour celle
du poisson de petite espèce.

Ceux qui seront trouvés porteurs ou mu-
nis, hors de leur domicile, d'engins ou
d'instrumens de pêche prohibés, pourront
être condamnés à une amende qui n'excédera
pas vingt francs, et à la confiscation des
engins ou instrumens de pêche, à moins que
ces engins ou instrumens ne soient destinés
à la pêche dans des étangs ou réservoirs.

ART. 30.

Quiconque pêchera, colportera ou débi-
tera des poissons qui n'auront point les dimensions déterminées par les ordonnances,
sera puni d'une amende de vingt à cinquante
francs, et de la confiscation desdits poissons.
Sont néanmoins exceptées de cette disposition les ventes de poisson provenant des
étangs ou réservoirs.

Sont considérés comme des étangs ou réservoirs les fossés et canaux appartenant à des particuliers, dès que leurs eaux cessent naturellement de communiquer avec les rivières.

ART. 31.

La même peine sera prononcée contre les pêcheurs qui appâteront leurs hameçons, nasses, filets ou autres engins, avec des poissons des espèces prohibées qui seront désignées par les ordonnances.

ART. 32.

Les fermiers de la pêche et porteurs de licences, leurs associés, compagnons et gens à gages, ne pourront faire usage d'aucun filet ou engin quelconque, qu'après qu'il aura été plombé ou marqué par les agens de l'administration de la police de la pêche.

La même obligation s'étendra à tous autres pêcheurs compris dans les limites de l'inscription maritime, pour les engins et filets dont ils feront usage dans les cours d'eau désignés par les paragraphes 1.er et 2 de l'article 1.er de la présente loi.

Les délinquans seront punis d'une amende de vingt francs pour chaque filet ou engin non plombé ou marqué.

Art. 33.

Les contre-maîtres, les employés du balisage et les mariniers qui fréquentent les fleuves, rivières et canaux navigables ou flottables, ne pourront avoir dans leurs bateaux ou équipages aucun filet ou engin de pêche, même non prohibé, sous peine d'une amende de cinquante francs, et de la confiscation des filets.

A cet effet, ils seront tenus de souffrir la visite, sur leurs bateaux et équipages, des agens chargés de la police de la pêche, aux lieux où ils aborderont.

La même amende sera prononcée contre ceux qui s'opposeront à cette visite.

Art. 34.

Les fermiers de la pêche et les porteurs de licences, et tous pêcheurs en général, dans les rivières et canaux désignés par les deux premiers paragraphes de l'article 1.er de la présente loi, seront tenus d'amener leurs bateaux, et de faire l'ouverture de leurs loges et hangars, bannetons, huches et autres réservoirs ou boutiques à poissons, sur leurs cantonnemens, à toute réquisition des agens et préposés de l'administration de la pêche, à l'effet de constater les contraventions qui pourraient être par eux commises aux dispositions de la présente loi.

Ceux qui s'opposeront à la visite ou refuseront l'ouverture de leurs boutiques à poisson, seront, pour ce seul fait, punis d'une amende de cinquante francs.

ART. 35.

Les fermiers et porteurs de licences ne pourront user, sur les fleuves, rivières et canaux navigables, que du chemin de halage (1); sur les rivières et cours d'eau flot-

----

(1) La servitude des chemins de halage et marche-pieds le long des rivières navigables et flottables, est réglée par l'article 7, Titre 28 de l'Ordonnance de 1669, ainsi conçu : « Les pro- « priétaires des héritages aboutissant aux rivières navigables , « laisseront le long des bords, vingt-quatre pieds (7 mètres

tables, que du marche-pied. Ils traiteront de gré à gré avec les propriétaires riverains pour l'usage des terrains dont ils auront besoin pour retirer et asséner leurs filets.

TITRE V.

Des Poursuites en réparation de délit.

SECTION I.ʳᵉ

Des Poursuites exercées au nom de l'Administration.

Art. 36.

Le gouvernement exerce la surveillance et la police de la pêche dans l'intérêt général.

« 80 cent.) au moins de place en largeur pour chemin royal
« et trait des chevaux, sans qu'ils puissent planter arbres, ni
« tenir clôture ou haie, plus près que trente pieds (9
« mètres 75 cent.) du côté que les bateaux se tirent, et de dix
« pieds (3 mètres 25 cent.) de l'autre bord, à peine de cinq
« cents livres d'amende, confiscation des arbres, et d'être, les
« contrevenans, contraints à réparer et remettre les chemins en
« état à leurs frais. »

Cette servitude est reconnue et consacrée par les articles 649 et 650 du Code civil.

4

En conséquence, les agens spéciaux par lui institués à cet effet, ainsi que les gardes champêtres, éclusiers des canaux et autres officiers de police judiciaire (1), sont tenus de constater les délits qui sont spécifiés au titre IV de la présente loi, en quelques lieux qu'ils soient commis; et lesdits agens spéciaux exerceront, conjointement avec les officiers du ministère public, toutes les poursuites et actions en réparation de ces délits.

---

(1) Les articles 8 et 9 du Code d'instruction criminelle définissent ce qu'on entend par police judiciaire et indiquent les fonctionnaires et agens qui l'exercent.

Art. 8. « La police judiciaire recherche les crimes, les « délits et les contraventions, en rassemble les preuves, et en « livre les auteurs aux tribunaux chargés de les punir. »

Art. 9. « La police judiciaire sera exercée sous l'autorité « des cours royales, et suivant les distinctions qui vont être « établies,

« Par les gardes champêtres et les gardes forestiers,

« Par les commissaires de police,

« Par les maires et les adjoints de maire,

« Par les procureurs du Roi et leurs substituts,

« Par les juges de paix,

« Par les officiers de gendarmerie,

« Par les commissaires généraux de police,

« Et par les juges d'instruction. »

Les mêmes agens et gardes de l'administration, les gardes champêtres, les éclusiers, les officiers de police judiciaire,
pourront constater également le délit spécifié
en l'article 5, et ils transmettront leurs
procès-verbaux au procureur du roi.

ART. 37.

Les gardes-pêche nommés par l'administration sont assimilés (1) aux gardes forestiers royaux.

------

(1) L'assimilation a des conséquences étendues ; elle détermine dès à présent les devoirs et attributions des gardes-pêche,
puisque ce sont les mêmes devoirs et attributions que le Code
forestier et l'Ordonnance réglementaire du premier août 1827
ont imposés aux gardes forestiers royaux.

Voici les conséquences principales de cette assimilation.

Les gardes-pêche sont officiers de police judiciaire et sous
la surveillance du procureur du Roi, sans préjudice de leur
subordination à l'égard de leurs supérieurs dans l'administration. (Articles 16 et 17 du Code d'instruction criminelle.)

Les emplois de gardes-pêche sont incompatibles avec toutes
autres fonctions, soit administrative, soit judiciaire. (Art. 4 du
Code forestier.)

Les gardes-pêche doivent faire des visites journalières de leur
cantonnement. (Art. 24 de l'Ordonnance du premier août 1827.)

Ils doivent résider dans le voisinage de leurs cantonnemens.
(Art. 25.)

ART. 38.

Ils recherchent et constatent par procès-verbaux les délits dans l'arrondissement du tribunal près duquel ils sont assermentés.

Ils doivent tenir un registre d'ordre, coté et paraphé par le sous-préfet de l'arrondissement; ils y transcrivent régulièrement leurs procès-verbaux par ordre de date; ils siguent cet enregistrement et inscrivent en marge de chaque procès-verbal, le folio du registre où il se trouve transcrit ; ils font mention sur le même registre et dans le même ordre, de toutes les significations et citations dont ils auront été chargés.

A chaque mutation les gardes remettent ce registre à celui qui leur succède. (Art. 26.)

Les gardes-pêche adressent leurs rapports à leurs chefs immédiats et lui remettent leurs procès-verbaux, revêtus de toutes les formalités prescrites (Art. 27), sauf le cas où ces procès-verbaux doivent être remis au procureur du Roi. (Art. 36 du Code de pêche fluviale.)

Les gardes-pêche ont un uniforme. (Art. 29 de l'ordonnance du 1.er août 1827.) Ils doivent toujours en être revêtus. (Art. 34.)

Ils sont autorisés à porter un fusil simple, lorsqu'ils font leurs tournées. (Art. 30.)

Il est interdit aux gardes-pêche de faire le commerce de poisson, de tenir auberge ou de vendre des poissons en détail. (Art. 31.)

Ils ne peuvent être destitués que par l'autorité même à qui appartient le droit de les nommer. (Art. 38.) etc., etc

Art. 39.

(Art. 161 du Code forestier.)

Ils sont autorisés à saisir les filets et autres instrumens de pêche prohibés, ainsi que le poisson péché en délit.

Art. 40.

Les gardes-pêche ne pourront, sous aucun prétexte, s'introduire dans les maisons et enclos y attenant pour la recherche des filets prohibés.

Art. 41.

Les filets et engins de pêche qui auront été saisis comme prohibés, ne pourront, dans aucun cas, être remis sous caution : ils seront déposés au greffe, et y demeureront jusqu'après le jugement pour être ensuite détruits.

Les filets non prohibés dont la confiscation aurait été prononcée en exécution de l'article 5, seront vendus au profit du trésor.

En cas de refus, de la part des délinquans, de remettre immédiatement le filet déclaré prohibé après la sommation du garde-pêche, ils seront condamnés à une amende de cinquante francs.

ART. 42.

Quant au poisson saisi pour cause de délit, il sera vendu sans délai dans la commune la plus voisine du lieu de la saisie, à son de trompe et aux enchères publiques, en vertu d'ordonnance du juge de paix ou de ses suppléans, si la vente a lieu dans un chef-lieu de canton, ou, dans le cas contraire, d'après l'autorisation du maire de la commune : ces ordonnances ou autorisations seront délivrées sur la requête des agens ou gardes qui auront opéré la saisie, et sur la présentation du procès-verbal régulièrement dressé et affirmé par eux.

Dans tous les cas, la vente aura lieu en présence du receveur des domaines, et, à défaut, du maire ou adjoint de la commune, ou du commissaire de police.

ART. 43.

Les gardes-pêche (1) ont le droit de requérir

____

(1) Art. 25 du Code d'instruction criminelle.

directement la force publique pour la répression des délits *en matière de pêche*, ainsi
que pour la saisie des filets prohibés et du
poisson *pêché en délit* (1).

ART. 44.

(*Art.* 165 *du Code forestier.*)

« Ils écriront eux-mêmes leurs procès-
« verbaux ; ils les signeront, et les affir-
« meront, au plus tard le lendemain de
« la clôture desdits procès-verbaux, par-
« devant le juge de paix du canton ou l'un
« de ses suppléans, ou par-devant le maire
« ou l'adjoint, soit de la commune de leur
« résidence, soit de celle où le délit a été
« commis ou constaté ; le tout sous peine de
« nullité.

« Toutefois, si, par suite d'un empê-

____

(1) « Les brigades de la gendarmerie....... prêteront main-
« forte, lorsqu'elle leur sera légalement demandée.... par les
« administrateurs et agens forestiers, pour la répression des
« délits relatifs à la police et à l'administration forestière,
« lorsque les gardes forestiers ne seront pas en force suffisante
« pour arrêter les délinquans. » (Article 133 de la loi du 17
avril 1798.)

(34)

« chement quelconque, le procès-verbal est
« seulement signé par le garde-pêche , mais
« non écrit en entier de sa main , l'officier
« public qui en recevra l'affirmation devra
« lui en donner préalablement lecture, et
« faire ensuite mention de cette formalité ; le
« tout sous peine de nullité du procès-ver-
« bal. »

ART. 45.

(*Art.* 166 *du Code forestier.*)

« Les procès-verbaux dressés par les agens
« forestiers , les gardes généraux et les gar-
« des à cheval , soit isolément , soit avec le
« concours des gardes-pêche royaux et des
« gardes champêtres , ne seront point soumis
« à l'affirmation. »

ART. 46.

Dans le cas où le procès-verbal portera
saisie , il en sera fait une expédition qui
sera déposée dans les vingt-quatre heures au
greffe de la justice de paix , pour qu'il en
puisse être donné communication à ceux qui
réclameraient les objets saisis.

Le délai ne courra que du moment de l'affirmation pour les procès-verbaux qui sont
soumis à cette formalité.

ART. 47.

(*Art.* 170 *du Code forestier.*)

« Les procès-verbaux seront, sous peine
« de nullité , enregistrés dans les quatre
« jours qui suivront celui de l'affirmation ,
« ou celui de la clôture du procès-verbal,
« s'il n'est pas sujet à l'affirmation.
« L'enregistrement s'en fera en débet. »

ART. 48.

Toutes les poursuites exercées en réparation de délits pour fait de pêche, seront portées devant les tribunaux correctionnels (1).

ART. 49.

(*Art.* 172 *du Code forestier.*)

« L'acte de citation doit , à peine de nul-
« lité , contenir la copie du procès-verbal
« et de l'acte d'affirmation. »

____

(1) Article 179 du Code d'instruction criminelle.

ART. 50.

(*Art.* 173 *du Code forestier.*)

« Les gardes de l'administration *chargés*
« *de la surveillance de la pêche* , pourront ,
« dans les actions et poursuites exercées en
« son nom , faire toutes citations et signifi-
« cations d'exploits , sans pouvoir procéder
« aux saisies-exécutions.

« Leurs rétributions (1) pour les actes de ce
« genre seront taxées comme pour les actes
« faits par les huissiers des juges de paix. »

ART. 51.

(*Art.* 174 *du Code forestier.*)

« Les agens de cette administration ont le
« droit d'exposer l'affaire devant le tribunal,
« et sont entendus à l'appui de leurs con-
« clusions. »

______

(1) Les rétributions sont fixées par le décret du 18 juin
1811, article 71, n.º 1, 2 et 10, modifié par le décret du 7
avril 1813.

Art. 52.

Les délits en matière de pêche seront prouvés, soit par procès-verbaux, soit par témoins à défaut de procès-verbaux ou en cas d'insuffisance de ces actes.

Art. 53.

Les procès-verbaux revêtus de toutes les formalités prescrites par les articles 44 et 47 ci-dessus, et qui sont dressés et signés par deux agens ou gardes-pêche, font preuve, jusqu'à inscription de faux, des faits matériels relatifs aux délits qu'ils constatent, quelles que soient les condamnations auxquelles ces délits peuvent donner lieu.

Il ne sera, en conséquence, admis aucune preuve outre ou contre le contenu de ces procès-verbaux, à moins qu'il n'existe une cause légale de récusation contre l'un des signataires.

Art. 54.

Les procès-verbaux revêtus de toutes les formalités prescrites, mais qui ne seront dressés et signés que par un seul agent ou *garde-pêche*, feront de même preuve suffi-

sante jusqu'à inscription de faux, mais seulement lorsque le délit n'entraînera pas une
condamnation de plus de cinquante francs,
tant pour amende que pour dommages-
intérêts.

ART. 55.

(*Art.* 178 *du Code forestier.*)

« Les procès-verbaux qui, d'après les
« dispositions qui précèdent, ne font point
« foi et preuve suffisante jusqu'à inscription
« de faux, peuvent être corroborés et com-
« battus par toutes les preuves légales,
« conformément à l'article 154 du Code d'ins-
« truction criminelle (1). »

----

(1) Art. 154. « Les contraventions seront prouvées, soit par
« procès-verbaux ou rapports, soit par témoins à défaut de
« rapports et procès-verbaux ou à leur appui.

« Nul ne sera admis, à peine de nullité, à faire preuve par
« témoins outre ou contre le contenu aux procès-verbaux ou
« rapports des officiers de police, ayant reçu de la loi le pou-
« voir de constater les délits ou les contraventions jusqu'à
« inscription de faux. Quant aux procès-verbaux et rapports
« faits par des agens, préposés ou officiers, auxquels la loi
« n'a pas accordé le droit d'en être crus jusqu'à inscription
« de faux, ils pourront être débattus par des preuves con-
« traires, soit écrites, soit testimoniales, si le tribunal juge à
« propos de les admettre. »

Art. 56.

Le prévenu qui voudra s'inscrire en faux contre le procès-verbal sera tenu d'en faire, par écrit et en personne ou par un fondé de pouvoir spécial par acte notarié, la déclaration au greffe du tribunal avant l'audience indiquée par la citation.

Cette déclaration sera reçue par le greffier du tribunal, elle sera signée par le prévenu ou son fondé de pouvoir ; et dans le cas où il ne saurait ou ne pourrait signer, il en sera fait mention expresse.

Au jour indiqué pour l'audience, le tribunal donnera acte de la déclaration, et fixera un délai de huit jours au moins et de quinze jours au plus, pendant lequel le prévenu sera tenu de faire au greffe le dépôt des moyens de faux, et des noms, qualités et demeures des témoins qu'il voudra faire entendre.

A l'expiration de ce délai, et sans qu'il soit besoin d'une citation nouvelle, le tribunal admettra les moyens de faux, s'ils sont de nature à détruire l'effet du procès-

verbal , et il sera procédé sur le faux conformément aux lois.

Dans le cas contraire, et faute par le
prévenu d'avoir rempli toutes les formalités
ci-dessus prescrites , le tribunal déclarera
qu'il n'y a lieu à admettre les moyens de
faux , et ordonnera qu'il soit passé outre au
jugement.

Art. 57.

(*Art.* 180 *du Code forestier.*)

« Le prévenu contre lequel aura été rendu
« un jugement par défaut , sera encore ad-
« missible à faire sa déclaration d'inscription
« de faux pendant le délai (1) qui lui est ac-
« cordé par la loi pour se présenter à l'au-
« dience sur l'opposition par lui formée. »

---

(1) Art. 186 du Code d'instruction criminelle. « Si le prévenu
« ne comparait pas, il sera jugé par défaut. »

Art. 187 du même Code. « La condamnation par défaut
« sera comme non avenue, si dans les cinq jours de la signi-
« fication qui en aura été faite au prévenu ou à son domicile,
« outre un jour par cinq myriamètres, celui-ci forme opposi-
« tion à l'exécution du jugement et notifie son opposition tant
« au ministère public qu'à la partie civile.

« Néanmoins les frais de l'expédition, de la signification du
« jugement par défaut et de l'opposition demeureront à sa
« charge. »

ART. 58.

(*Art.* 181 *du Code forestier.*)

« Lorsqu'un procès-verbal sera rédigé
« contre plusieurs prévenus , et qu'un ou
« quelques-uns d'entre eux seulement s'ins-
« criront en faux, le procès-verbal conti-
« nuera de faire foi à l'égard des autres ,
« à moins que le fait sur lequel portera
« l'inscription de faux ne soit indivisible et
« commun aux autres prévenus. »

ART. 59.

Si, dans une instance en réparation de
délit , le prévenu excipe d'un droit de propriété ou tout autre droit réel , le tribunal
saisi de la plainte statuera sur l'incident.

L'exception préjudicielle ne sera admise
qu'autant qu'elle sera fondée, soit sur un titre
apparent , soit sur des faits de possession
équivalens , articulés avec précision , et si
le titre produit ou les faits articulés sont
de nature; dans le cas où ils seraient re-
connus par l'autorité compétente , à ôter au
fait qui sert de base aux poursuites tout ca-
ractère de délit.

Dans le cas de renvoi à fins civiles, le jugement fixera un bref délai dans lequel la partie qui aura élevé la question préjudicielle devra saisir les juges compétens de la connaissance du litige et justifier de ses diligences ; sinon il sera passé outre. Toutefois, en cas de condamnation, il sera sursis à l'exécution du jugement sous le rapport de l'emprisonnement, s'il était prononcé, et le montant des amendes, restitutions et dommages-intérêts, sera versé à la caisse des dépôts et consignations, pour être remis à qui il sera ordonné par le tribunal qui statuera sur le fond de droit.

Art. 60.

(*Art.* 183 *du Code forestier.*)

« Les agens de l'administration *chargés*
« *de la surveillance de la pêche* peuvent, en
« son nom, interjeter appel des jugemens
« et se pourvoir contre les arrêts et jugemens
« en dernier ressort ; mais ils ne peuvent se
« désister de leurs appels sans son autorisa-
« tion spéciale. »

ART. 61.

(Art. 184 du Code forestier.)

« Le droit attribué à l'administration et
« à ses agens de se pourvoir contre les ju-
« gemens et arrêts par rappel ou par recours
« en cassation, est indépendant de la même
« faculté qui est accordée par la loi au mi-
« nistère public, lequel peut toujours en
« user, même lorsque l'administration ou
« ses agens auraient acquiescé aux jugemens
« et arrêts. »

ART. 62.

Les actions en réparation de délits en matière de pêche se prescrivent par un mois à
compter du jour où les délits ont été constatés, lorsque les prévenus sont désignés
dans les procès-verbaux. Dans le cas contraire, le délai de prescription est de trois
mois, à compter du même jour.

ART. 63.

Les dispositions de l'article précédent ne
sont pas applicables aux délits et malversa-

tions commis par les agens, préposés ou gardes de l'administration dans l'exercice de leurs fonctions ; les délais de prescription à l'égard de ces préposés et de leurs complices seront les mêmes que ceux qui sont déterminés par le Code d'instruction criminelle (1).

ART. 64.

Les dispositions du Code d'instruction criminelle sur les poursuites des délits, sur défauts, oppositions, jugemens, appels et recours en cassation, sont et demeurent applicables à la poursuite des délits spécifiés par la présente loi, sauf les modifications qui résultent du présent titre.

SECTION II.

Des Poursuites exercées au nom et dans l'intérêt des Fermiers de la pêche et des Particuliers.

ART. 65.

Les délits qui portent préjudice aux fer-

---

(1) Articles 635 et suivans du Code d'instruction criminelle.

(45)

miers de la pêche, aux porteurs de licence et aux propriétaires riverains, seront constatés par leurs gardes (1), lesquels sont assimilés aux gardes-bois des particuliers.

ART. 66.

(*Art.* 188 *du Code forestier.*)

« Les procès – verbaux dressés par ces « gardes feront foi jusqu'à preuve contraire. »

ART. 67.

Les poursuites et actions seront exercées au nom et à la diligence des parties intéressées.

ART. 68.

Les dispositions contenues aux articles 38, 39, 40, 41, 42, 43, 44, 45, 46, 47, paragraphe 1.er; 49, 52, 59, 62 et 64 de la présente loi, sont applicables aux poursuites exercées au nom et dans l'intérêt des particuliers et des fermiers de la pêche, pour les délits commis à leur préjudice.

---

(1) Art. 117 et suiv. du Code forestier. Art. 150 de l'ordonnance du 1.er août 1827.

TITRE VI.

Des Peines et Condamnations.

ART. 69.

Dans le cas de récidive, la peine sera toujours doublée.

Il y a récidive, lorsque, dans les douze mois précédens, il a été rendu contre le délinquant un premier jugement pour délit en matière de pêche.

ART. 70.

Les peines seront également doublées, lorsque les délits auront été commis la nuit.

ART. 71.

(*Art.* 202 *du Code forestier.*)

« Dans tous les cas où il y aura lieu à
« adjuger des dommages-intérêts, ils ne
« pourront être inférieurs à l'amende simple
« prononcée par le jugement. »

ART. 72.

Dans tous les cas prévus par la présente loi, si le préjudice causé n'excède pas vingt-cinq francs, et si les circonstances paraissent atténuantes, les tribunaux sont autorisés à réduire l'emprisonnement même au-dessous de six jours, et l'amende même au-dessous de seize francs : ils pourront aussi prononcer séparément l'une ou l'autre de ces peines, sans qu'en aucun cas elle puisse être au-dessous des peines de simple police (1).

ART. 73.

(*Art.* 204 *du Code forestier.*)

« Les restitutions et dommages-intérêts
« appartiennent aux fermiers, porteurs de
« licences et propriétaires riverains, si le
« délit est commis à leur préjudice ; mais,
« lorsque le délit a été commis par eux-
« mêmes au détriment de l'intérêt général, ces
« dommages-intérêts appartiennent à l'État.
« Appartiennent également à l'Etat toutes
« les amendes et confiscations. »

---

(1) Art. 463 du Code pénal.

ART. 74.

Les maris, pères, mères, tuteurs, fermiers et porteurs de licences, ainsi que tous propriétaires, maîtres et commettans, seront civilement responsables des délits en matière de pêche commis par leurs femmes, enfans mineurs, pupilles, bateliers et compagnons, et tous autres subordonnés, sauf tout recours de droit.

Cette responsabilité sera réglée conformément à l'article 1384 du Code civil (1).

---

(1) « On est responsable non-seulement du dommage que l'on cause par son propre fait, mais encore de celui qui est causé par le fait des personnes dont on doit répondre, ou des choses que l'on a sous sa garde.

« Le père et la mère, après le décès du mari, sont responsables du dommage causé par leurs enfans mineurs habitant avec eux ;

« Les maîtres et les commettans, du dommage causé par leurs domestiques et préposés dans les fonctions auxquelles ils les ont employés ;

« Les instituteurs et les artisans, du dommage causé par leurs élèves et apprentis pendant le temps qu'ils sont sous leur surveillance ;

« La responsabilité ci-dessus a lieu, à moins que les père et mère, instituteurs et artisans ne prouvent qu'ils n'ont pu empêcher le fait qui donne lieu à cette responsabilité. »

TITRE VII.

De l'Exécution des Jugemens.

SECTION Ire

De l'Exécution des Jugemens rendus à la requête de l'Administration ou du Ministère public.

ART. 75.

(*Art.* 209 *du Code forestier.*)

« Les jugemens rendus à la requête de
« l'administration chargée de la police de la
« pêche, ou sur la poursuite du ministère
« public, seront signifiés par simple extrait
« qui contiendra le nom des parties et le dis-
« positif du jugement.

« Cette signification fera courir les délais (1)
« de l'opposition et de l'appel des jugemens
« par défaut. »

----

(1) On doit consulter pour ces délais les articles 151, 174, 187, 203 et 205 du Code d'instruction criminelle.

Art. 76.

Le recouvrement de toutes les amendes
pour délits de pêche est confié aux receveurs
de l'enregistrement et des domaines. Ces receveurs sont également chargés du recouvrement des restitutions, frais et dommages-
intérêts résultant des jugemens rendus en
matière *de pêche*.

Art. 77.

(*Art.* 211 *du Code forestier.*)

« Les jugemens portant condamnation à
« des amendes, restitutions, dommages-
« intérêts et frais, sont exécutoires par la
« voie de la contrainte par corps ; et l'exé-
« cution pourra en être poursuivie cinq jours
« après un simple commandement fait aux
« condamnés.

« En conséquence, et sur la demande du
« receveur de l'enregistrement et des do-
« maines, le procureur du Roi adressera les
« réquisitions nécessaires aux agens de la

« force publique chargés de l'exécution des
« mandemens de justice (1). »

ART. 78.

(*Art. 212 du Code forestier.*)

« Les individus contre lesquels la con-
« trainte par corps aura été prononcée pour
« raison des amendes et autres condamna-
« tions et réparations pécuniaires, subiront
« l'effet de cette contrainte jusqu'à ce qu'ils
« aient payé le montant desdites condamna-
« tions, ou fourni une caution admise par le
« receveur des domaines, ou, en cas de con-
« testation de sa part, déclarée bonne et va-
« lable par le tribunal de l'arrondissement. »

ART. 79.

(*Art. 213 du Code forestier.*)

« Néanmoins les condamnés qui justifie-
« ront de leur insolvabilité, suivant le mode

---

(1) « Les mandemens de justice peuvent être notifiés aux
« prévenus et mis à exécution par les gendarmes. » (Art. 67
de l'ordonnance du 29 octobre 1820.)

« prescrit par l'art. 420 du Code d'instruc-
« tion criminelle (1), seront mis en liberté
« après avoir subi quinze jours de détention,
« lorsque l'amende et les autres condamna-
« tions pécuniaires n'excéderont pas quinze
« francs.

« La détention ne cessera qu'au bout d'un
« mois, lorsque les condamnations s'élève-
« ront ensemble de quinze à cinquante francs.

« Elle ne durera que deux mois, quelle que
« soit la quotité desdites condamnations.

« En cas de récidive, la durée de la dé-
« tention sera double de ce qu'elle eût été
« sans cette circonstance. »

ART. 80.

(*Art.* 214 *du Code forestier.*)

« Dans tous les cas, la détention employée

---

(1) C'est-à-dire en produisant, « 1.º un extrait du rôle des
contributions directes , constatant qu'ils paient moins de six
francs, ou un certificat du percepteur de leur commune, portant qu'ils ne sont point imposés; 2.º un certificat d'indigence
à eux délivrés par le maire de la commune de leur domicile,
ou par son adjoint, visé par le sous-préfet, et approuvé par le
préfet de leur département. »

« comme moyen de contrainte est indépen-
« dante de la peine d'emprisonnement pro-
« noncée contre les condamnés pour tous
« les cas où la loi l'inflige. »

SECTION II.

*De l'Exécution des Jugemens rendus dans
l'intérêt des Fermiers de la pêche et des
Particuliers.*

ART. 81.

Les jugemens contenant des condamnations en faveur des fermiers de la pêche,
des porteurs de licences et des particuliers,
pour réparation des délits commis *à leur
préjudice*, seront, à leur diligence, signifiés
et exécutés suivant les mêmes formes et voies
de contrainte que les jugemens rendus à la
requête de l'administration chargée de la
surveillance de la pêche.

Le recouvrement des amendes prononcées par les mêmes jugemens sera opéré
par les receveurs de l'enregistrement et des
domaines.

Art. 82.

La mise en liberté des condamnés détenus par voie de contrainte par corps à la requête et dans l'intérêt des particuliers ne pourra être accordée, en vertu des articles 78 et 79, qu'autant que la validité des cautions ou la solvabilité des condamnés aura été, en cas de contestation de la part desdits propriétaires, jugée contradictoirement entre eux.

TITRE VIII.

Dispositions générales.

Art. 83.

Sont et demeurent abrogés toutes lois, ordonnances, édits et déclarations, arrêts du Conseil, arrêtés et décrets, et tous réglemens intervenus, à quelque époque que ce soit, sur les matières réglées par la présente loi, en tout ce qui concerne la pêche.

Mais les droits acquis antérieurement à la présente loi seront jugés, en cas de contestation, d'après les lois existant avant sa promulgation.

DISPOSITIONS TRANSITOIRES.

ART. 84.

Les prohibitions portées par les articles
6, 8 et 10, et la prohibition de pêcher à
autres heures que depuis le lever du soleil (1)
jusqu'à son coucher, portée par l'article 5
du titre XXXI de l'ordonnance de 1669,
continueront à être exécutées jusqu'à la promulgation des ordonnances royales qui, aux
termes de l'article 26 de la présente loi,
détermineront les temps où la pêche sera
interdite dans tous les cours d'eau, ainsi

---

(1) Leur défendons pareillement (aux pêcheurs) de pêcher
en quelques jours et saisons que ce puisse être, à autre heure
que depuis le lever du soleil jusques à son coucher, sinon aux
arches des ponts, aux moulins et aux gords où se tendent
des dideaux , auxquels lieux ils pourront pêcher tant de nuit
que de jour, pourvu que ce ne soit à jour de dimanches
ou fêtes ou autres défendus.

Cette defense de pêcher durant les dimanches et fêtes est
maintenue par la loi du 18 novembre 1815.

« Article 1.er Les travaux ordinaires seront interrompus
« les dimanches et jours de fêtes reconnues par les lois de
« l'état. »

que les filets et instrumens de pêche dont l'usage sera prohibé.

Toutefois les contraventions aux articles ci-dessus énoncés de l'ordonnance de 1669 seront punies conformément aux dispositions de la présente loi, ainsi que tous les délits qui y sont prévus, à dater de sa publication.

La présente loi, discutée, délibérée et adoptée par la Chambre des Pairs et par celle des Députés, et sanctionnée par nous cejour-d'hui, sera exécutée comme loi de l'Etat; voulons, en conséquence, qu'elle soit gardée et observée dans tout notre royaume, terres et pays de notre obéissance.

Si DONNONS EN MANDEMENT à nos Cours et Tribunaux, Préfets, Corps administratifs, et tous autres, que les présentes ils gardent et maintiennent, fassent garder, observer et maintenir, et, pour les rendre plus notoires à tous nos sujets, ils les fassent publier et enregistrer partout où besoin sera : car tel est notre plaisir ; et, afin que ce soit chose ferme et stable à toujours, nous y avons fait mettre notre scel.

Donné en notre château des Tuileries, le
15.ᵉ jour du mois d'Avril de l'an de grâce
1829, et de notre règne le cinquième.

Signé CHARLES.

Vu et scellé du grand sceau :
Le Garde des sceaux de France,
Ministre Secrétaire d'état au
département de la justice,
Signé Comte PORTALIS.

Par le Roi :
Le Ministre Secrétaire
d'état au départemens
des finances,
Signé ROY.

TABLE

Des Titres et Sections du Code de la Pêche fluviale.

FIN DE LA TABLE.

LA GAGEURE DANGEREUSE, petit Roman en 12 Chapitres, de M. Kotzebue ; traduit de l'allemand par M. *Fuchs*, Receveur des finances, 1 vol. in-8.°................. 1 fr. 50 cent.

HISTOIRE DES SCIENCES, DES LETTRES, DES ARTS ET DE LA CIVILISATION DANS LE PAYS MESSIN, depuis les Gaulois jusqu'à nos jours ; par *E.-A. Bégin*, Docteur en médecine, Membre de plusieurs Académies ; 1 vol. in-8.° avec la Carte du Département de la Moselle, papier ordinaire............... 7 fr.
Papier fin......................... 8

CODE FORESTIER, suivi de l'Ordonnance du Roi pour l'exécution dudit Code, du 1.er Août 1827, avec une Table détaillée et raisonnée des matières, soigneusement revue et augmentée ; 2.e édition ; 1 vol. in-12..... 1 fr. 75 cent.

ESSAI SUR L'HISTOIRE DE LONGWY, ville forte sur la frontière N.-E. du Royaume de France ; 1 vol. in-8.°................. 4 fr.

L'auteur de cet ouvrage a voulu payer sa dette au siècle qui l'a vu naître, donner un juste tribut d'éloges à la gloire française qui se signala d'une manière si brillante aux deux Siéges de Longwy (1792-1815), et laisser à l'avenir un faible monument de son zèle et de son attachement envers sa patrie.